DANIELE KIEL PENTEADO PRESTES

Rafa e o Rei

A primeira vez no palácio

Em um reino tão, tão distante, havia um Rei que amava crianças. Ele as compreendia como ninguém. Gostava de brincar, de conversar com elas e de ajudá-las no que elas precisassem. Ele até dizia a seus súditos adultos que, se eles quisessem permanecer em seu reino, precisavam ter um coração igual ao das crianças.

O Rei amava quando as crianças iam visitá-lo. Então um dia um menino chamado Rafael recebeu um convite para conhecer o Rei pessoalmente e o seu palácio.

Você consegue imaginar isso? Receber um convite para estar com um rei. Uau! Você ficaria agitado, alegre, nervoso, tudo ao mesmo tempo? Foi assim que o Rafa ficou.

A empolgação estava enchendo seu coração. Quanta honra conhecer o Rei! Ele estava muito ansioso sobre quais seriam os assuntos da conversa dos dois, até já imaginava que comeria guloseimas deliciosas no palácio real e que veria coisas lindas.

Na noite anterior à visita, ele demorou muito para dormir, sua mente estava muito agitada com mil pensamentos sobre como seria aquele encontro. Rafa tinha a sensação que borboletinhas estavam voando dentro da sua barriga.

O dia finalmente chegou, e, nessa manhã, seu pai nem precisou tentar acordá-lo várias vezes; quando entrou no quarto, Rafa já estava de pé. Ele tomou banho, deixou o cabelo bem arrumado. Sua mãe preparou para ele sua melhor roupa: calça preta, camisa branca e gravata vermelha, tudo bem limpinho e bem passado. Seu pai engraxou seus sapatos, que ficaram brilhando. Rafa estava se sentindo muito elegante e digno de estar na presença do Rei.

Quando chegou ao palácio, o menino ficou maravilhado com a beleza do lugar. E como havia chegado antes do horário combinado, permitiram que ele passeasse pelo jardim enquanto esperava que o chamassem para ver o Rei.

A manhã estava agradável, o lugar era tranquilo, e Rafa observava cada cantinho com olhos curiosos. Foi quando ele viu uma amoreira carregada com frutos bem madurinhos. O menino olhou em volta e não viu ninguém, então não resistiu e, sem permissão, começou a comer as amoras roxas. Comeu, comeu e, só depois de comer várias delas, percebeu que as frutas haviam feito manchas roxas em sua camisa branca.

Rafael ficou desesperado. Quanto mais ele tentava limpar, pior ficava.

—Ó não! Que bobagem eu fiz! E agora? Como vou aparecer assim diante do Rei? Pensou o menino, agora muito nervoso e com medo.

O que ele não imaginava é que, de sua janela, o Rei e o Príncipe tinham visto tudo o que acontecera. Vendo a incapacidade do menino para solucionar o problema, o filho do Rei se dirigiu ao seu pai e se ofereceu para resolver aquele assunto.

Enquanto o menino tentava limpar a camisa, deixando as manchas cada vez piores, o Príncipe apareceu e disse:

—Oi, Rafa. Por que você está tão agitado?

O menino estava tão nervoso que nem olhou direito para quem estava falando com ele.

—Quem é você? Como sabe meu nome? — disse o menino irritado e sem tirar os olhos das manchas.

—Eu sou o filho do Rei, conheço todos do meu país.

Só então Rafa percebeu quem era.

—Ó! Você é o Príncipe! Perdoe-me por ter pegado suas frutas. Que vergonha!

—Por que você está envergonhado?

—Porque, além de pegar o que não era meu, ainda estou todo sujo diante do Príncipe. E agora? Como vou fazer? Não posso aparecer assim diante do Rei.

—Huuummm. Não pode mesmo. Meu pai odeia sujeira.

—Ai, então não vou mais poder conhecer o Rei — disse o menino, deixando cair os ombros e curvando a cabeça. Ele começou a chorar e dizer para si mesmo:

—Rafael burro! Você estragou tudo!

Mas o Príncipe sorrindo explicou:

—Calma, Rafa! Meu pai odeia sujeira, mas ama os sujinhos. Venha comigo.

Então eles passaram por uma ponte que ligava o jardim ao interior do palácio e foram até um quarto. Lá o Príncipe disse:

—Lave suas mãos e seu rosto enquanto vou dar um jeito na sua camisa.

Rafa rapidamente obedeceu. Em alguns instantes o Príncipe voltou, com a camisa passada e tão branca como se ela nunca houvesse sido manchada.

Tão feliz, Rafa vestiu a camisa limpinha novamente e não resistiu, pulou sobre o Príncipe e lhe deu um grande abraço de agradecimento.

—Que abraço gostoso! Tem alguém muito feliz aqui! — disse o Príncipe sorrindo.

—Vamos andando, meu pai está aguardando por você.

E quando parecia que tudo estava bem, enquanto ele e o Príncipe andavam pelo palácio, do lado de fora, pela janela, Rafa viu um rapazinho muito mal-encarado, que gritando o acusava assim:

—Ele não pode ver o Rei! Ele é um sujismundo!

Mas o Príncipe, como um herói, colocou-se entre os dois e respondeu ao maldoso com autoridade real:

—Fique quieto! Eu já providenciei a limpeza dele. Ele não tem mais sujeira nenhuma.

Quando o mal-encarado viu o Príncipe, saiu correndo, porque tinha medo dele. Então o Príncipe explicou ao Rafa:

—Não dê bola para o que esse intrometido fala. Ele é invejoso e mentiroso. Ele não aproveitou a oportunidade que teve de viver aqui no palácio e agora fica tentando atrapalhar os outros.

Nesse momento, veio se aproximando outra pessoa.

—Ah! Mas aqui está alguém que você deve escutar sempre. Rafa, este é o Conselheiro Real, ele vai conduzir você até a Sala do Trono. Até logo, amigão! — disse o Príncipe.

O Conselheiro Real tinha uma voz tranquila e um sorriso gostoso e recebeu o menino dizendo:

—Estávamos ansiosos por sua visita, Rafa. É muito bom estar com você.

—Obrigado, Conselheiro! Eu estou muito feliz por estar aqui. Só estou meio preocupado com o Rei!

—Preocupado por quê?

—Não sei se vou saber conversar com ele, afinal de contas é um Rei —respondeu o menino.

—Ah, não se preocupe com isso! Será como conversar com um amigo, e, além disso, sempre estarei com você.

Rafa respondeu com um sorriso e continuaram andando. Eles caminharam mais um pouco e chegaram diante de uma grande porta, que estava aberta.

O menino parou diante da entrada, boquiaberto com tanta beleza e grandeza. A sala era imensa, tão limpa, tão aconchegante e tão cheirosa. Os guardas em volta do trono não estavam em posição de sentido e nem usavam armas, mas estavam inclinados honrando o Rei.

Rafa segurou a mão do Conselheiro e prosseguiu. Podia sentir suas pernas tremendo. Então viu o Rei sentado no trono. Este lhe fez um sinal e sorrindo disse:

—Venha, Rafa, chegue mais perto, eu estava esperando você.

O menino foi chegando devagarinho, e seus olhos maravilhados só conseguiam olhar para o Rei. Quando chegou diante do trono, Rafa se ajoelhou e disparou a falar:

—Ó meu Rei! Perdoe-me pelo que fiz agora de manhã e por ter ficado todo sujo. Mas eu queria tanto estar...

—Calma, calma! — O Rei o interrompeu. — Não estou vendo sujeira nenhuma em você. Já sei que meu filho o limpou e você está perdoado.

O Rei abriu os braços e, com um grande sorriso, continuou:

—Venha cá! Me dê logo um abraço!

Rafa se jogou sobre o Rei e o abraçou bem apertado. Os dois sorriram, e o Rei disse a Rafa que o amava muito.

Enquanto isso, em cada um dos lados da porta estavam encostados o Príncipe e o Conselheiro, sorrindo satisfeitos, vendo aquela cena alegre.

O Rei e o Rafa gostaram tanto de conversar, que, depois daquele dia, eles se tornaram grandes amigos e sempre se encontravam para novas conversas. E para passearem pelos jardins do palácio real.

Um dia, o Rei, o Príncipe e o Conselheiro estavam falando sobre o Rafa, sobre como ele era divertido e querido. Então o príncipe disse:

—Pai, acho tão interessante o que acontece quando o Rafa chega. Você dá tanta atenção para escutar o que ele tem para lhe contar — disse o Príncipe sorrindo.

E o Rei respondeu:

—É porque o Rafa sempre chega me dizendo o quanto sou bom para ele, o quanto ele me ama e o quanto é feliz por me ter em sua vida. Eu não resisto, tenho que prestar atenção nele.

Todos riram e o Rei continuou.

—Tenho prazer em responder suas dúvidas e ajudá-lo com seus problemas.

Então o Príncipe comentou com um sorriso no rosto:

—Entendo você, pai. E como seria bom se todas as crianças do reino sempre nos visitassem! Afinal de contas, o reino é delas não é mesmo?

—Exatamente, filho, o reino é delas — respondeu o Rei.

O festival de poesias

Um cartaz bem colorido fixado no mural da escola anunciava: "Festival de Poesias em comemoração ao aniversário do Príncipe". Seria um evento com a participação de várias escolas. Uma das categorias seria de poesias recitadas por crianças, e o Rafa foi escolhido para ser o representante da sua escola na categoria infantil.

Que missão importante! Não posso fazer feio, ele pensou.

Rafa sabia que aquela era uma oportunidade especial: homenagear o Príncipe que já tinha feito tanto por ele. Se ele se comportasse mal ou levasse uma poesia ruim, envergonharia sua escola e a ele mesmo.

Então Rafa se preparou. Estudou muito bem o texto que recitaria. Conversou sobre isso com o Rei e, no dia do Festival, se arrumou direitinho e, como sempre, foi muito educado com todos.

É claro que, como todos os outros meninos e meninas que se apresentariam, ele estava nervoso.

Todos ali haviam estudado seus textos e estavam bem arrumados. Não haveria um prêmio ou um vencedor, mas todos queriam agradar ao Príncipe.

Algumas pessoas achavam que o Príncipe não estaria presente, porque Ele era muito importante e muito ocupado para comparecer a um evento de escolas. Mas Ele foi e quis se sentar na primeira fila, bem de frente para o palco.

Todos os presentes fizeram reverências ao Príncipe. Rafa, de trás do palco, escutou o barulho da agitação das pessoas e correu para ver o que estava acontecendo, então ele viu o motivo da alegria de todos ali.

—Príncipe, você veio! — o menino falou com um sorriso enorme, cheio de alegria.

—Claro, Rafa! Eu gosto de estar no meio de quem se reúne por minha causa, não perco isso por nada e estou ansioso para ver você representar lindamente sua escola — disse o príncipe.

Então Rafa respondeu:

—Pode deixar, meu Príncipe, vou fazer o meu melhor!

—Eu acredito nisso! Vai lá, amigão, não vou sair daqui.

Todo sorridente e confiante, Rafa foi ao centro do palco e começou a recitar:

Eu poderia falar todas as línguas que são faladas na terra
e até no céu, mas, se não tivesse amor, as minhas palavras
seriam como o som de um gongo ou como o barulho de um sino.
Poderia ter o dom de anunciar mensagens de Deus,
ter todo o conhecimento, entender todos os segredos
e ter tanta fé, que até poderia tirar as montanhas do seu lugar,
mas, se não tivesse amor, eu não seria nada.
Poderia dar tudo o que tenho e até mesmo entregar

o meu corpo para ser queimado,
mas, se eu não tivesse amor, isso não me
adiantaria nada.
Quem ama é paciente e bondoso.
Quem ama não é ciumento, nem orgulhoso,
nem vaidoso.
Quem ama não é grosseiro nem egoísta;
não fica irritado, nem guarda mágoas.
Quem ama não fica alegre quando alguém
faz uma coisa errada, mas se alegra quando
alguém faz o que é certo.
Quem ama nunca desiste, porém suporta
tudo com fé, esperança e paciência.
Eterno é o amor. *(1 CORÍNTIOS 13:1-3)*

    Quando Rafa terminou de recitar as pessoas estavam emocionadas, e o apresentador do Festival falou:

—Rafa, você é um menino diferente. Que texto lindo que fala sobre algo tão importante!

E o Rafa respondeu:

—Obrigado, eu aprendi com o nosso Príncipe.

Conflitos na escola

A participação do Rafa no Festival de Poesias lhe trouxe muito prestígio na escola. Os professores estavam felizes com seu desempenho e o elogiavam; por isso, alguns coleguinhas também lhe deram os parabéns. Mas nem tudo ia bem.

A escola havia se tornado um lugar muito triste para o Rafa, porque, apesar de todo prestígio, ele estava se sentindo sozinho e excluído.

Rafa gostava de brincar de pega-pega com as crianças e outros jogos que os garotos costumam brincar, mas a diversão principal na hora do recreio era o futebol, e ele não era habilidoso nesse jogo. Preferia outros esportes, ao contrário de todos os meninos da sua classe, e por isso eles o isolaram; não brincavam com ele na hora do recreio e diziam que ele era um chato.

Assim como nos outros dias, Rafa ficou sozinho na hora do recreio num canto do pátio. O intervalo terminou, o restante da aula também, e lá fora estava sua mãe esperando-o para voltarem para casa.

Enquanto iam para casa, a mãe percebeu que o menino estava aborrecido e perguntou o que estava acontecendo. Ele disse a ela que aquela situação com os colegas da escola continuava e que ele estava triste por não ter amigos.

Então a mãe teve uma ideia:

—Filho, por que você não conversa com o Conselheiro sobre isso? Uma vez você me disse que Ele é especialista em situações difíceis entre as pessoas.

Aquela ideia o animou.

—É mesmo, mãe. Como não pensei nisso antes?

Então, quando chegaram em casa, ele se trocou rapidinho, almoçou e foi falar com o Conselheiro.

—Olá, Conselheiro. Preciso da sua ajuda.

—Oi, Rafa. Claro, me diga o que é.

Rafa contou toda a situação e como se sentia com aquilo. Então, o Conselheiro com sua voz tão agradável lhe disse:

—Entendo sua situação e sei exatamente como você se sente, Rafa. Sabe, o que esses meninos estão fazendo com você não é legal, mas o que está faltando a eles é conhecer o Rei. Você passou a ser um menino melhor quando o conheceu, não é verdade?

—Ah, sim, é verdade — respondeu Rafa.

—Você pode conversar sobre eles com o Rei para que Ele ajude esses meninos. E você também pode fazer outra coisa: comece a conversar e dar atenção para outros colegas da sua classe. Talvez existam outros que também estejam sozinhos assim como você. E, Rafa, tem uma coisa que você nunca, nunca pode esquecer! É muito importante mesmo!

A essa altura, Rafa já estava com os olhos arregalados.

—Sim, sim, Conselheiro. Diga o que é, estou prestando atenção!

—Nós três, eu, o Príncipe e o Rei, o amamos infinitamente. E nunca vamos deixar você sozinho.

Os olhos do menino se encheram de lágrimas, ele abraçou o Conselheiro bem forte e disse:

—Como sou feliz por ter vocês comigo!

Então voltou para casa com o coração transbordando de alegria.

Novos amigos

Rafa voltou para a escola com outro ânimo depois de conversar com o Conselheiro e fez o que Ele disse. Começou a prestar atenção nos outros colegas da classe e não esperou que lhe dessem oi, ele mesmo tomou a iniciativa e assim fez novos amigos.

Foi dessa maneira que ele fez amizade com Ceci, uma garotinha risonha e cheia de energia. Mas, às vezes, ela ficava quietinha com cara de triste. Um dia, Rafa, preocupado, resolveu perguntar por que ela ficava assim, e ela explicou:

—Às vezes acontece alguma coisa que faz eu me lembrar do meu vovô. Ele já morreu faz tempo, mas eu ainda sinto muita falta dele.

—Ah, entendi. Isso é muito difícil mesmo, mas, se você sente tanta falta dele, é sinal de que ele era uma pessoa muito especial — disse Rafa tentando consolar a amiga.

—Ele era, sim. Todos sentem falta dele — falou Ceci, ainda tristonha.

—Quando eu estou muito triste, converso com o Rei. Eu sempre fico melhor depois de uma conversa com Ele — disse Rafa.

Essa declaração agitou Ceci.

—Como é?! Você conhece o Rei?

—Conheço.

—Fala sério!

—Sério! — confirmou Rafa, caindo na risada.

Ele continuou:

—Quer que eu apresente você para Ele?

—Mas é claro! Lógico! Demorou! O menino conhece o Rei e fala isso assim, com essa calma. Por que não me contou isso antes? Preciso contar isso para os meus pais. Quando nós vamos? Preciso escolher uma roupa bem bonita e também preparar um presente. Talvez eu possa fazer um desenho bem colorido e…

Rafa estava rindo muito da reação da menina, e ela não parava de falar.

—Pare, Ceci! Minha barriga já está doendo de tanto rir. Vamos falar com nossos pais e iremos logo.

O sinal do fim do recreio tocou, e os dois voltaram para a aula. Rafa estava tão feliz por ter mudado o sentimento da amiga, e Ceci estava ansiosa, na expectativa de conhecer o Rei.

Ceci conhece o Rei

Assim como o Rafa quando foi falar com o Rei pela primeira vez, Ceci também estava sentindo uma mistura de alegria, nervosismo e curiosidade.

Já o Rafa foi entrando no palácio com muita tranquilidade, cumprimentando os guardas reais, explicando para Ceci o que era cada lugar, pois já tinha intimidade com aquele local.

Quando foram se aproximando da Sala do Trono, Rafa falou para Ceci se preparar para conhecer o lugar mais bonito do mundo e as pessoas mais especiais de todas que ela já havia conhecido. Então ela parou e perguntou:

—Como assim as pessoas? Não é só o Rei?

—Não. Você também vai conhecer o Príncipe e o Conselheiro Real. Eles estão sempre juntos — explicou Rafa.

—Que legal! Isso está cada vez melhor. Anda logo, você anda muito devagar — disse a menina puxando Rafa pelo braço.

Mas, quando chegaram diante da porta da Sala, toda aquela pressa da Ceci acabou. Seus olhos estavam maravilhados com o que ela estava vendo, o coração estava acelerado e então ela viu o Príncipe, que veio encontrá-los para levar os dois à Sala do Trono. Como ele era lindo! De repente, ela ouviu a voz do Rei que falava:

—Olá, Rafa! Olá, Ceci! Que bom ter vocês aqui. Venham. Hoje está quente. Nós estávamos tomando um suco. Querem beber um também? Eu já sei: um de morango para o Rafa e de uva para a Ceci.

O Príncipe e o Conselheiro, com os copos na mão, também cumprimentaram as crianças. Ceci não falava uma só palavra, estava muda. Então o Príncipe, sorrindo, brincou com ela:

—O que foi, Ceci? Você é tão faladeira. Não vai falar nada?

Ela olhou para o Rafa e sussurrou:

—Eles sabem meu nome e meu suco preferido. Foi você que contou a eles?

Rafa também respondeu sussurrando:

—Só falei seu nome, mas Eles já sabiam. Eles sabem tudo sobre nós.

Então o Rei os interrompeu.

—Conhecemos você e toda sua família, Ceci. Até o seu avô.

—Então o Senhor sabe o que aconteceu com meu vovô! — disse a menina.

—Sim, sei. Mas fique tranquila. Ele está muito bem.

—Como o Senhor sabe que ele está bem?

—Porque ele era meu amigo e conversava comigo. Um dia você vai vê-lo novamente.

—Quando? — perguntou a menina ansiosa.

—Quando for o tempo certo — respondeu o Rei. Enquanto isso você pode vir aqui o tempo todo, sempre que quiser. O Rafa deve ter lhe contado que nós gostamos muito de conversar com nossas crianças.

—Ele falou. Eu também gosto muito de conversar. Ah! Também tenho alguns pedidos a fazer, afinal de contas o Senhor é o Rei. Quem melhor para eu pedir algo, não é mesmo? — disse a menina já começando a se sentir à vontade.

O Rei, o Príncipe e o Conselheiro deram risada do jeitinho engraçado da menina, e o Rei respondeu:

—Com certeza, Ceci. Você tem toda razão.

Então o Príncipe falou com o Rafa:

—Rafa, meu Pai fica tão feliz quando você traz um amigo seu para nos conhecer! Tenho certeza de que você poderia trazer muitos outros. Queremos estar com todas as crianças do reino.

—Mas, meu Príncipe, como vou fazer isso? São muitas — disse o menino meio assustado.

—Eu estive pensando, você escreve tão bem. Poderia escrever uma carta e enviar para as outras crianças. Eu sei que estamos em tempos modernos, que a comunicação é toda por internet, mas receber uma carta ainda é emocionante — aconselhou o Príncipe.

Rafa pensou, pensou e respondeu:

—Não sei se consigo.

Vendo a dúvida do menino, o Conselheiro disse:

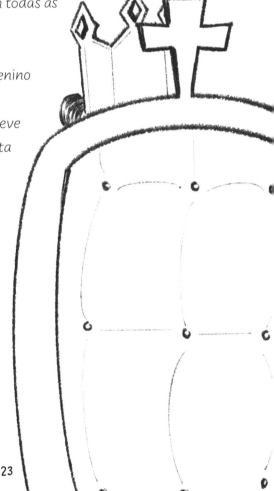

—Vamos lá, Rafa! Eu ajudo você.

E Ceci, que estava assistindo à conversa deles, disse:

—Rafael, é claro que você pode. Faça o que o Príncipe está pedindo.

—Eu já ia dizer que vou fazer, Cecilia. Ah! Meninas! Às vezes elas me irritam — falou o Rafa revirando os olhos.

—Conselheiro, se o Senhor vai me ajudar, fico tranquilo — continuou o menino.

—Claro que ajudo. Vamos lá para o jardim trabalhar nisso, enquanto a Ceci fica aqui com o Rei e o Príncipe? — perguntou o Conselheiro.

E o Rafa rapidamente respondeu:

—Que ótima ideia! Na minha mochila tenho papel e caneta.

Com a ajuda do Conselheiro, Rafa escreveu uma carta simples e sincera, contando às outras crianças que o Rei queria ser amigo de todas elas e ensinando o caminho para a Sala do Trono.

Olá, amigos e amigas.

Meu nome é Rafael.

Eu sou muito feliz por conhecer o Rei, o Príncipe e o Conselheiro Real e gostaria muito que vocês o conhecessem também.

Conto isso a vocês para dizer que Deus (o Rei) nos ama muito, muito, muito e quer que a gente o conheça como a um amigo querido, mas nós só podemos fazer isso através do Príncipe, que é Jesus (JOÃO 14:6). Porque Ele se sacrificou por nós morrendo na cruz para que o mal-encarado não pudesse mais nos fazer mal por causa de nossos pecados.

O pecado (coisas erradas que fazemos) nos afasta de Deus. Mas, se nós pedirmos, Jesus nos limpa de todo pecado (ISAÍAS 59:2). E então, assim, podemos estar bem pertinho de Deus.

E quando chegamos perto dele, também chegamos perto do Espírito Santo, nosso melhor Conselheiro (JOÃO 16:7). Podemos conversar com Eles em qualquer momento e em qualquer lugar, para agradecer, pedir ajuda ou simplesmente para lhes dizer o quanto somos felizes por conhecê-los.

Quer que Jesus purifique você de todo pecado, deixando você limpinho como a minha camisa? É só repetir comigo estas palavras:

"*Jesus, muito obrigado por ter me amado e se sacrificado por mim. Deus, me perdoe pelos meus pecados, eu quero ser Seu amigo. Espírito Santo, vem fazer parte da minha vida e ser meu Conselheiro. Em Nome de Jesus, amém.*"

Não se esqueça: converse sempre com Deus em oração. Conte a Ele sobre o seu dia, agradeça por tudo e conte para Ele o que preocupa você. Tenha certeza de que Deus estará ouvindo. Deus, Jesus e o Espírito Santo amam quando conversamos com Eles.

Deus abençoe você.
Seu amigo, Rafa

Caça-Palavras!

As palavras deste caça-palavras estão escondidas na horizontal e vertical, sem palavras ao contrário.

```
I I N H T S I P R Í N C I P E H K H
E R P T R E I A H R H A M U I T E A
P N G H H T O L O O C W E H W S C R
A A W L H O H Á N L E H N S T T R T
M P E R D Ã O C R O C O W O S E F T
O N A A B G E I F O Í O E T A A U T
R I A F H E H O N T L A E T L A N P
B S I A G E S D A M I Z A D E O E N
U R U T C V I W A E A U N D G E E A
R H D C C O N S E L H E I R O F I
C R D E B U E D D U A W E E I G A Y
S E D I R R H C A R T A T N A E T L
```

ALEGRIA   AMIZADE   AMOR
CARTA   CECÍLIA   CONSELHEIRO
PALÁCIO   PERDÃO   PRÍNCIPE
RAFA   REI

Jogo dos 7 erros!

Encontre as sete diferenças entre as duas imagens.

Labirinto!

Ajude o Rafa e a Ceci a chegarem até o Rei!

Vamos colorir?

Vamos colorir o Rafa para encontrar-se com o Rei!

Respostas

Página 28

Página 29

Página 30

Rafa e o Rei
Copyright © 2021 por
Daniele Kiel Penteado Prestes
Editado e publicado por Ministérios Pão Diário
sob acordo especial com Daniele Kiel Penteado Prestes.
Todos os direitos reservados.

Coordenação de Editorial: Dayse Fontoura
Revisão de conteúdo: Denise Rogério
Revisão: Dalila de Assis, Dayse Fontoura, Thaís Soler
Projeto Gráfico e diagramação: Denise Duck Makhoul
Capa: Davi de Oliveira Cardoso, Lucila Lis
Ilustrações: Davi de Oliveira Cardoso

Proibida a reprodução total ou parcial, sem prévia autorização, por escrito, da editora.
Todos os direitos reservados e protegidos pela Lei 9.610, de 19/02/1998.

Exceto quando indicado no texto, os trechos bíblicos mencionados são da edição
Nova Tradução na Linguagem de Hoje © 2011 Sociedade Bíblica do Brasil.

Publicações Pão Diário
Caixa Postal 4190
82501-970 Curitiba/ PR, Brasil
publicacoes@paodiario.org
www.publicacoespaodiario.com.br
Telefone: (41) 3257-4028

Código: VX949
ISBN: 978-65-86078-97-8